LES COUTUMES

DE BRIE-COMTE-ROBERT

AU XIIIᵉ SIÈCLE

Par G. Leroy

MELUN

E. DROSNE, IMPRIMEUR BREVETÉ

—

1896

LES COUTUMES

DE BRIE-COMTE-ROBERT

AU XIIIᵉ SIÈCLE

Par G. Leroy

MELUN

E. DROSNE, IMPRIMEUR BREVETÉ

—

1896

LES COUTUMES

DE

BRIE-COMTE-ROBERT

Avant l'abolition des Coutumes locales par l'Assemblée constituante en 1790, la ville de Brie et les communes du voisinage étaient régies par la Coutume de Paris, dont la rédaction, ordonnée par Louis XII, datait du XVIᵉ siècle. De nos jours, c'est encore à la Coutume de Paris qu'on recourt pour trancher certaines questions sur lesquelles le Code civil garde le silence, et dont la solution appartient aux usages anciens observés dans le pays.

Antérieurement à la Coutume du XVIᵉ siècle, Brie était soumis à un droit coutumier, empreint d'un caractère féodal, résultant de la Charte qui l'avait établi en 1208.

Cet acte, intervenu entre l'évêque de Paris et le comte Robert, tous deux seigneurs de Brie, est moins une charte communale, semblable à celles qui consacraient les premières tentatives d'affranchissement des villes, qu'un contrat entre deux puissants possesseurs de fiefs, pour régler leurs droits, afin d'éviter des contestations ultérieures.

Les habitants, dont l'adhésion n'est pas réclamée, n'y sont mentionnés que pour les redevances, corvées et rentes auxquelles ils sont tenus. Les droits actifs, à leur avantage, n'y occupent qu'une faible place.

Cette charte conserva sa vigueur pendant tout le cours des XIIIe et XIVe siècles. L'autorité en fut affaiblie par la guerre de Cent Ans.

La plupart de ses prescriptions tombaient en désuétude dès la fin du XVe siècle, pour tourner à l'accroissement du pouvoir royal ou à l'amélioration de la condition civile des habitants.

Alors, le redoutable castel de Brie-Comte-Robert, avec son donjon, haut de plus de cent pieds, — dont il reste à peine quelques vestiges — n'était plus habité par ses seigneurs, au nombre desquels avait été Charles d'Orléans, le doux poète, longtemps retenu en captivité à la Tour de Londres, après la bataille d'Azincourt, où il avait été fait prisonnier. Les liens de vassalité se relâchaient; le Tiers-Etat, qui s'était révélé par l'insurrection des Jacques et la révolte bourgeoise d'Etienne Marcel, reprenait le rang et les droits dont les invasions barbares, et les institutions féodales qui en avaient été la conséquence, l'avaient dépossédé.

D'un autre côté, la puissance cléricale, battue en brèche par les légistes royaux, sapée par la libre discussion, dont le docte Abeilard — l'ancêtre de nos libres penseurs qui ne s'en doutent point — avait été le promoteur, la puissance cléricale devenait chaque jour plus faible et moins importante, pour le plus grand profit des serfs de l'Église.

Insensiblement, avec la force qui lui est inhérente et à laquelle rien ne résiste, le temps accomplissait l'affranchissement du peuple. En proclamant l'abolition des droits féodaux, dans la fameuse nuit du 4 août 1789 — dont le remarquable procès-verbal est l'œuvre de Fréteau de Saint-Just, député du bailliage de Melun — les Constituants abolissaient ce qui n'existait plus pour ainsi dire que de nom. Les débris du régime féodal ne consistaient généralement que dans le service de redevances en nature et en argent, ou dans l'obligation de rendre au possesseur du fief ce ains devoirs purement honorifiques. Les droits féodaux du xviiie siècle n'étaient plus que l'ombre de ceux du xiiie, aussi opposés les uns aux autres que le sont les pôles de la terre.

Tous les historiens de bonne foi sont d'accord sur ce point. S'il en fallait une démonstration nouvelle, on la trouverait dans l'analyse de la charte féodale de 1208, et dans son rapprochement avec les franchises, droits et prérogatives autonomes dont la ville de Brie jouissait à l'époque de la réunion des Etats-Généraux en 1789.

Cette charte a été publiée dans son texte original latin en deux versions, qui offrent des différences, par Benjamin Guérard, le savant éditeur du *Cartulaire de Notre-Dame de Paris* et du *Polyptique d'Irminion*. C'est un témoignage curieux de la condition des personnes et des propriétés à Brie-Comte-Robert au temps de la floraison du système féodal, et, par induction, dans les temps antérieurs, si l'on veut bien observer que le progrès, plein d'activité de nos jours, avait alors un mouvement insensible. Ce qui existait en 1208 ne devait guère différer de ce qui était en vigueur plusieurs siècles auparavant, au temps de Charles-le-Chauve, par exemple, à l'époque de la consécration du principe de l'hérédité des fiefs et de l'institution de la féodalité. A peine peut-on signaler un adoucissement dans l'état des habitants de Brie au commencement du XIIIᵉ siècle, mis en comparaison avec l'état des hommes libres, des colons et des serfs mentionnés dans le *Polyptique d'Irminion*, sous le règne de Charlemagne.

Des difficultés qui existaient entre le comte Robert, seigneur de Dreux et de Brie, et l'évêque de Paris, tous deux possesseurs de droits importants dans la terre de Brie, amenèrent ces deux personnages à se rapprocher dans un but de transaction, pour éviter de nouveaux conflits à l'avenir. C'est alors que fut scellée la charte de 1208, à laquelle assistaient Yolande et Robert, épouse et fils du seigneur de Brie.

Il y avait, dans l'étendue de la seigneurie, un moulin à ban, appartenant à l'évêque, mais sur lequel le comte revendiquait certains droits. La charte débute par des conventions qui s'y rapportent :

« Les profits seront partagés par tiers, deux pour l'évêque, le troisième pour le comte. Les sergents de ce dernier prêteront leur concours pour faire respecter les droits de l'évêque, les délinquants paieront trois sols d'amende.

« Dans la terre de Notre-Dame, à Brie, la justice pleinière appartient à l'évêque, y compris le rouage, le forage et les cas de vol et de meurtre.

« Les droits dus par les marchands de salines, denrées diverses et menues, reviennent par moitié à l'évêque et au comte. Les poules que doivent les regratiers (vendeurs en détail) sont également partagées par moitié Tous les marchands sont justiciables de l'évêque et du seigneur et traduits à un auditoire commun.

« Le droit de mesure du blé appartient à l'évêque, depuis le mercredi matin jusqu'au vendredi à la première heure. Le sergent, qui assiste au mesurage, reçoit un setier de vin. Il peut s'opposer à la délivrance du blé jusqu'à ce que le vin lui ait été fourni.

« Aux foires du seigneur comte, l'évêque perçoit le tonlieu, quel que soit l'animal. Il a également droit au tonlieu de laine crue (non filée).

« Les détenteurs des rentes de l'Eglise de Paris peuvent être recherchées et arrêtées par les sergents ; mais si le serment leur est déféré, et qu'ils

nient détenir injustement ces rentes, ils seront
libérés.

« Le com'e ne peut prétendre qu'à des corvées
dans la terre de l'évêque. De chaque habitant ayant
animal tirant à la charrue, il a droit d'exiger trois
corvées ou journées de travail dans le cours de
l'année ; mais il doit deux deniers aux serviteurs
des charrues, comme équivalant à la valeur de
leur travail. Ceux qui n'ont point de chevaux,
bœufs ou ânes employés à la charrue ne lui doivent rien.

« Les serfs de l'évêque sont tenus de lui trans-
porter, à l'époque des vendanges, le vin de ses
vignes de Villeneuve-Saint-Georges dans son cellier
de Brie. Le sergent du com'e doit les avertir du
jour du transport, et si, ce jour le vin n'est pas
disponib'e, ils se trouveront libérés de la corvée.

« Le comte ne peut exiger des gens de l'évêque
des garnitures de lit, ni pour lui ni pour ses serviteurs

« Défense est faite de déplacer la borne, plantée
d'un commun accord, pour délimiter les deux seigneuries.

« Pendant trois mois de l'année, le comte a
droit de ban sur le vin vendu à Brie.

« Tous les habitants doivent contribuer aux
dépenses occasionnées par la clôture ou fortifica-
tion de la ville. Ils doivent le faire chacun suivant

ses facultés; le produit de la contribution doit être versé entre les mains du comte, chargé de l'exécution des travaux.

« Les mêmes habitants, gens de l'évêque ou du comte, doivent se pourvoir d'armures pour accompagner le seigneur et ses gens d'armes dans leurs chevauchées, mais ils ne peuvent être retenus plus d'un jour et d'une nuit hors de leur domicile. Cette levée de ban est annoncée à cor et à cri par les sergents du comte. L'habitant qui jure, par serment, n'avoir entendu la clameur, est affranchi du service.

« Le comte doit aide et protection aux habitants; il doit les secourir dans le cas où ils seraient détenus injustement.

« En reconnaissance de l'assistance que les habitants peuvent obtenir du sergent du comte, ils sont obligés de lui servir chaque année, la veille de Noël, une petite tourte ou une obole à leur choix.

« Entre l'Avent et Noël, les hôtes de l'évêque, trouvés hors de Brie amenant du bois avec une charrette ou une bête de somme, doivent un denier au comte. Si la charge est portée à dos, ils ne doivent qu'une obole. Le transport dans le surplus de l'année ne donne lieu à aucune redevance, et il y a pareille exemption si le conducteur jure par serment que la charge vient du bois de Cocigny.

« Tous les habitants, gens de l'évêque ou du

comte, doivent jurer fidélité au nouveau seigneur à
chaque mutation du fief.

. « Tous sont tenus de garder la ville à tour de
rôle.

« Sur le blé vendu en la place appartenant au
seigneur, l'évêque prélève une poitevine sur chaque setier. Mais quiconque achète du blé pour son
usage personnel, sans en faire commerce, est
affranchi du droit. Sont également exempts les
habitants qui achètent du blé de semence en quan-
tité si minime que les décimateurs n'auront rien à
prélever sur la récolte.

« Le droit de mesure du vin appartient au
comte, qui, en cas de fausses mesures, peut appli-
quer l'amende à son profit.

« Toutes les aubaines de la terre de l'Eglise
sont au seigneur de Brie.

« La justice des forfaits accomplis dans la terre
de l'évêque lui appartient, mais ils doivent être
jugés dans la ville de Brie.

« Les habitants prévenus de remplir leurs
devoirs envers le comte ou l'évêque, en vertu des
stipulations du présent accord, et qui n'y satisfont
pas, sont redevables de l'amende.

« L'Eglise de Paris ne peut avoir de Juifs dans
sa terre de Brie.

· « Pendant l'ouverture du four à ban de l'évêque, les tenanciers et les hôtes de l'évêque sont

dispensés d'aller nettoyer le bois du seigneur de
Brie.

« Les marchands de vases, d'écuelles, de pelles,
de fourches, vendant au marché, en la place du
comte, doivent une redevance en nature à l'évêque.

« Le louage de la place du marché appartient au
seigneur. S'il plaît à celui ci de le transférer ail-
leurs, l évêque ne perdra pas ses droits Il perce-
vra en la nouvelle place les redevances qui lui sont
dues. »

Dans ses prolégomènes du cartulaire de
Notre-Dame de Paris, Guérard reconnaît
l'importance de la charte du mois de janvier
1208, — 1209 d'après la chronologie nouvelle — pour apprécier l'état des personnes
et des propriétés à Brie-Comte-Robert au
commencement du xiiie siècle. Quelques-uns
des habitants y sont serfs de l'évêque et du
comte, ne jouissant d'aucune liberté person-
nelle ou civile, soumis envers leurs seigneurs
à de nombreux devoirs féodaux, à des services en nature, des corvées et des redevances, celles-ci non excessives il est vrai,
mais qui sont généralement blessantes pour
la dignité humaine. Cependant, ce qui ressort
des termes de cette charte, c'est que l'arbi-
traire absolu n'existe pas. Il y a progrès sur

les âges précédents. Les services auxquels les habitants de Brie-Comte-Robert sont tenus, sont fixés par un contrat; ils peuvent en appeler à la justice, et, dans beaucoup de cas, il sont crus sur serment.

Il faut remarquer le rôle du serment dans les rapports des vassaux avec leurs feudataires. Déféré aux vassaux, le serment les libère des créances ou redevances injustement réclamées. Il les exempte de servir à la guerre ou de suivre leur seigneur dans ses chevauchées s'ils jurent qu'ils n'ont pas d'armures ; il les affranchit des droits perçus sur le bois introduit dans Brie s'ils déclarent qu'il provient du bois de Cocigny. Si l'on attachait autant d'importance aux effets du serment et à sa valeur, c'est qu'à cette époque de croyances religieuses on ne le prêtait pas vainement et que la mort semblait préférable au parjure

Le XIIIᵉ siècle ne devait pas s'écouler sans que, par l'institution des bailliages royaux, sous Philippe-le-Bel, les justices féodales, la servitude des personnes, la main mise sur les propriétés, tout ce régime odieux du servage et de l'avilissement humain, ne commença d'être fortement ébranlé dans son essence primordiale. L'effet s'en fit sentir d'abord

et principalement dans les seigneuries parti-
culières, enclavées, comme celle de Brie, dans
les domaines du roi de France. Pour les
autres, il fallut la volonté et la vigueur de
Louis XI, de Henri IV, de Richelieu pour en
abattre la puissance et les réduire.

Après la guerre de Cent-Ans, la noblesse
de fer des premiers siècles de la dynastie
Capétienne n'avait plus que de rares représentants dans la Brie. Le temps, les Croi-
sades, les luttes avec les Anglais, les Navar-
rais, les Bourguignons, avaient décimé ses
rangs. Les gens de robe, annoblis aux XIVᵉ et
XVᵉ siècles, tendaient à lui succéder. Avec
eux, l'adoucissement des mœurs concourait à
l'affranchissement du Tiers-Etat et à l'amélioration de son sort, autrefois si dur et si
précaire.

La puissance ecclésiastique elle-même,
redoutable naguère, maintenant sapée, battue
en brèche par l'autorité royale, jalousant ses
richesses et ses prérogatives, voyait chaque
jour diminuer son importance. Les dons gra-
tuits, les décimes qui lui étaient imposés, les
édits qui réglementaient les dons qu'elle pou-
vait recueillir, étaient autant de causes qui
hâtaient son affaiblissement et sa disparition
comme grand corps de l'Etat.

Des immenses possessions, des territoires
entiers qui appartenaient à l'abbaye de Saint-
Germain-des-Prés, à la Cathédrale et à
l'Evêque de Paris, dans les temps carolin-
giens et postérieurement, à Lieusaint, Moissy,
Evry, Combs-la-Ville, Brie, des droits féodaux
qu'ils y avaient exercés, des rentes, des redevances qu'ils y avaient perçues et exigées,
que restait-il en 1789, quand l'Assemblée
constituante, sanctionnant l'œuvre patiente
de la monarchie et du temps, consommait la
chute irrémédiable du système féodal et des
dernières prérogatives qui s'y rattachaient ?
— Quelques fermes, maigres débris des
vastes territoires d'autrefois, dans lesquels
étaient enclavés des manses, des *villæ*, dont
les habitants étaient serfs des abbés et des
évêques, quelques rentes, quelques droits
honorifiques, la plupart tombés en désuétude,
ni payés ni même reconnus. C'étaient les
derniers vestiges des coutumes féodales
mentionnées dans la charte de 1208. Depuis
longtemps, les habitants de Brie, poursuivant
lentement mais sûrement la conquête de leur
liberté, s'en étaient affranchis.

A peine, par habitude ou condescendance,
maintenaient-ils aux derniers représentants
des anciens comtes, dont le formidable châ-

teau tombait lui-même en ruines comme les
institutions dont il était le symbole, à peine
leur maintenaient-ils quelques-uns des droits,
réduits ou dénaturés, que la charte de 1208
leur avait concédés. A son passage à Brie,
où il ne trouvait plus à s'abriter dans son
manoir, le duc de Penthièvre tirait la première flèche du jeu de l'arquebuse, ou goûtait
le vin d'honneur. C'était la représentation
des prérogatives de ses ancêtres. La démo-
cratie moderne en fait plus à ses élus.

Droits de justice, de ban, de corvée, d'au-
baine, d'étalon, toutes les choses mentionnées dans l'accord de l'Evêque et du comte
au XIII° siècle, s'étaient transformées, alté-
rées, abolies La Constituante ne fit que hâter
leur déchéance complète, que précipiter léga-
lement une fin naturelle dont l'heure était
proche. Mais pour ce résultat six siècles
avaient dû s'écouler, six siècles pénibles,
remplis de désespoirs et de luttes, pour
assurer définitivement le triomphe de la justice et du droit.

MELUN. — IMP. E. DROSNE.

www.ingramcontent.com/pod-product-compliance
Lightning Source LLC
Chambersburg PA
CBHW060726280326
41933CB00013B/2571